Los **DIEZ** **MANDAMIENTOS**

Por EL RVDO. LORENZO G. LOVASIK, S.V.D.
Misionero de la Palabra Divina

© 1983 by *Catholic Book Publishing Corp., NJ*

Printed in / Impreso en China

CPSIA   December 2018   10 9 8 7 6 5 4 3 2   L/P

ISBN 978-0-89942-469-9

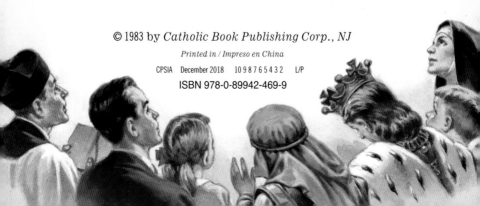

LOS DIEZ MANDAMIENTOS

JESUS dijo: "No todos los que claman 'Señor, Señor,' entrarán en el reino de Dios, sino sólo aquel que hace la voluntad de mi Padre que está en el cielo." Si creemos en Dios debemos hacer lo que Dios nos pide, debemos cumplir Su ley.

Jesús también dijo: "Vivan en Mi amor. Vivirán en Mi amor si observan Mis mandamientos, como Yo he cumplido los mandamientos de Mi Padre y he vivido en Su amor."

Los Diez Mandamientos son:

1. **Yo soy el Señor, tu Dios, no tendrás más Dios que a Mí.**
2. **No tomarás el nombre del Señor en falso.**
3. **Santificarás el día de descanso.**
4. **Honrarás a tu padre y a tu madre.**
5. **No matarás.**
6. **No adulterarás.**
7. **No robarás.**
8. **No dirás falso testimonio contra tu prójimo.**
9. **No desearás la mujer de tu prójimo.**
10. **No desearás nada que pertenezca a tu prójimo.**

CUANDO el pueblo Hebreo se encontraba en el desierto caminando hacia la tierra que Dios les había prometido, Dios llamó a Moisés a lo más alto del Monte Sinaí y le dio los Diez Mandamientos, escritos sobre unas tablillas de piedra.

Dios dio a Moisés los Diez Mandamientos en el Monte Sinaí.

EL PRIMER MANDAMIENTO

Yo soy el Señor, tu Dios. No tendrás más Dios que Mí.

DIOS nos ha traído al mundo para amarlo y servirlo. La voluntad de Dios debe estar por encima de nuestra propia vida. Debemos recordar siempre que somos hijos de Dios, Quien es todo nuestro bien, nuestro Padre amante. Le debemos nuestra adoración y nuestras oraciones nacidas del corazón. Así demostramos que le pertenecemos y deseamos amarlo y servirlo todos los días de nuestras vidas.

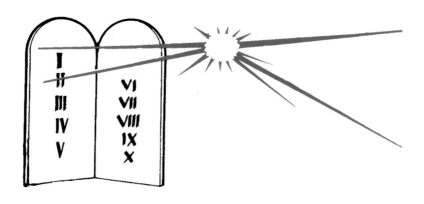

DEBEMOS ofrecer solamente a Dios la gran adoración que El se merece.

Adoramos a Dios:
creyendo en El;
confiando en El;
amándolo;
adorándolo;
rezándole.

"Jesús, yo te amo," dicen María y Pedrito siempre que entran a la Iglesia para rezar.

EL SEGUNDO MANDAMIENTO

No tomarás el Nombre del Señor en falso.

Danielito tomó la muñeca de Mirta; pero él dice: "¡Te juro por Dios que yo no la tengo!" No soló está usando el nombre de Dios en falso, sino que también está diciendo una mentira.

EL segundo mandamiento nos ordena amar el nombre del Señor.

Honramos el nombre de Dios cuando hacemos una promesa en nombre de Dios; cuando decimos nuestras oraciones para alabarlo.

PECAMOS contra el segundo mandamiento al usar palabras soeces o al maldecir. Profanar el nombre de Dios significa usar Su nombre cuando estamos enojados. Maldecir quiere decir desear algún mal a otra persona o cosa, o pedir a Dios que los castigue con algún mal.

Pecamos también cuando empleamos bromas con referencia a Dios, a los Santos o a cosas sagradas.

Ricardito se burla de Juanita porque ella lee su libro de oraciones. En lugar de enojarse con él, Juanita dice una oración en voz baja: "¡Por favor, Jesús, ayúdame!"

EL TERCER MANDAMIENTO

Santificarás el día de descanso.

EL tercer mandamiento nos dice que debemos ir a Misa todos los Domingos (o Sábados por la tarde). El Sacrificio de la Misa es el acto perfecto de adoración que Jesús nos dio para que podamos, junto con El, ofrecer el mayor honor a Dios.

Esta famila nunca falta a Misa.

Luisito vive en el campo. Los Domingos por la tarde le gusta pasearse por el campo y ver todas las cosas hermosas que Dios ha creado.

NO debemos trabajar mucho los Domingos. Dí una oración o lee algo que te ayude a amar a Dios.

9

EL CUARTO MANDAMIENTO

Honrarás a tu padre y a tu madre.

EL cuarto mandamiento nos habla del amor y respeto hacia nuestros padres, de la obediencia que les debemos, así como también ayudarlos cuando lo necesitan.

Cuando tú obedeces a tus padres obedeces a Dios, porque Dios desea que tu papá y tu mamá ocupen su lugar aquí en la tierra.

Cuando niño, Jesús ayudaba a San José en su trabajo en el taller de carpintería. También ayudaba a Su Mamá en el hogar.

Anita ayuda a su mamá con el lavado de la ropa, mientras que Lorencito ayuda a su papá con la pintura.

OBEDECES a tu papá y a tu mamá cuando tú haces enseguida lo que ellos te dicen. Debes tratar de ayudarlos en sus trabajos.

Si alguna vez desobedeces a tus padres diles que lo sientes mucho y que te esforzarás por hacerlos felices.

Tus Padres Son Tus Mejores Amigos

RECUERDA que tu mamá y tu papá también tienen el deber de enseñarte a amar a Dios y de servirlo. Ellos no pueden lograrlo si tú no los obedeces cuando ellos te dicen lo que es bueno y lo que es malo. Tú los desobedeces cuando no haces lo que ellos te dicen; especialmente cuando te piden que los ayudes o que digas tus oraciones.

Tú los harás muy felices si tú haces todo lo que les agrada. Dios te bendecirá si tú honras y amas a tus padres por amor a Su Nombre. Jesús te dio un ejemplo cuando obedeció y amó a Su Madre, la Santísima Virgen María, y Su padre adoptivo, San José.

TUS padres hacen mucho por cuidarte y enseñarte, por eso es que ellos son tus mejores amigos. Por lo tanto, quiérelos mucho, demuéstrales que tú deseas darles las gracias por todas las cosas buenas que hacen por tí. Deja que ellos vean que tú deseas las cosas buenas que ellos te dicen, porque tú amas de verdad a Dios con todo tu corazón.

Elena y Rodolfito escuchan a su papá hablarles acerca de Dios.

EL QUINTO MANDAMIENTO

No matarás.

EL quinto mandamiento nos dice que debemos hacer todo lo que podamos para cuidar nuestras vidas y la de nuestros prójimos. Nuestra vida no es nuestra. Es un regalo que Dios nos ha hecho y debemos cuidar nuestra salud; pero, por encima de todo, debemos cuidar nuestras almas, recibiendo frecuentemente los sacramentos y orando muchas veces al día.

El quinto mandamiento nos dice que debemos cuidar de nuestro cuerpo por el consumo de

alimentos nutritivos.

PECAMOS también contra el quinto mandamiento cuando hacemos daño a alguien, cuando mostramos nuestra ira u odio y queremos tomar venganza o servimos de ejemplo con nuestras malas palabras o acciones que puedan llevar a otros al pecado.

Es también pecado cuando somos perezosos en nuestros deberes con nuestros padres, con otras personas y aún con Dios mismo, al no obedecer a nuestros padres, ayudar a nuestro prójimo, o al no decir nuestras oraciones.

Robertico quiere que Emilito vaya a pelear; pero Emilito no quiere hacerlo, porque sabe que eso es malo.

EL SEXTO MANDAMIENTO

No adulterarás.

EL sexto mandamiento nos manda a ser puros en todo lo que vemos y escuchamos, decimos y hacemos.

Ruega a la Santísima Virgen María para que ella te ayude a ser puro y evitar todo lo que es malo.

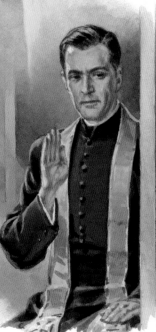

Joseíto sabe que es un pecado hacer algo impuro.

Tan pronto como puede él confiesa su pecado.

NUNCA digas palabras soeces, no mires láminas indecentes, ni juegues de forma impropia con tu propio cuerpo o con el de algún otro.

Si tú eres puro y modesto, Dios será tu Amigo. Puedes recibir la ayuda de Dios para mantener tu alma lejos del pecado si te confiesas todos los meses y recibes la Sagrada Comunión por lo menos una vez por semana.

Un niño bueno desea mantener su alma saludable y fuerte siendo puro. Entonces él será un verdadero buen amigo de Jesús y María.

EL SEPTIMO MANDAMIENTO

No robarás.

EL séptimo mandamiento nos dice que seamos justos, que demos a cada uno lo debido.

No debemos robar o guardar cosas ajenas.

"¡No tomes esa naranja, Eduardito! ¡Eso es robar!"

Jesús dijo que si Dios cuida de los pájaros y de las flores, El también cuidará de nosotros. No tenemos por qué robar.

SÉ honrado y justo en todas las cosas. Engañar es malo. No dañes la propiedad ajena y no guardes para tí algo que no es tuyo.

Debes devolver a su dueño todo lo robado o, si no, pagarle lo que sea necesario.

El equipo que juega honestamente siempre gana ante los ojos de Dios y de la gente, aún en el caso de que no gane el partido.

EL OCTAVO MANDAMIENTO

No dirás falso testimonio contra tu prójimo.

EL octavo mandamiento nos dice que no dañemos el buen nombre de nuestro prójimo diciendo mentiras o cosas malas sobre él, que puedan dar por resultado que otras personas les pierdan el respeto que se merecen.

Nunca hagas daño a otros diciendo cosas poco amables sobre ellos. No hables nunca de sus defectos, porque tú no tienes derecho a juzgar a los demás. Jesús dijo: "No juzguéis, para que no seáis juzgados."

Estos niños rezan siempre por sus prójimos y nunca hablan sobre ellos.

EL octavo mandamiento nos ordena no decir mentiras. Debes decir la verdad siempre, aunque sepas que vas a ser castigado por lo que has hecho. Serás muy valiente si siempre dices la verdad.

Cuando Juanito golpeó un automóvil con una piedra, él no se fue corriendo, sino que le dijo a su dueño: "¡Yo tiré la piedra, señor, lo siento mucho!"

EL NOVENO MANDAMIENTO

No desearás la mujer de tu prójimo.

EL noveno mandamiento nos dice que jamás debemos tener voluntariamente pensamientos impuros en nuestra mente o desear hacer algo impuro con nosotros mismos o con otros.

Trata siempre de mantenerte puro en todo lo que pienses y hagas.

Si tus pensamientos son puros, tus acciones también serán puras.

Cuando dos personas se casan se les permite que piensen y hagan ciertas cosas para demostrar su amor.

CUANDO se te ocurran pensamientos impuros, ocúpate inmediatamente en algo, búscate algún trabajo o juego que te mantenga alejado de esos pensamientos. Rézale una oración a Dios y a la Virgen María.

Durante la Sagrada Comunión pídele a Dios que te ayude a mantenerte puro de palabra y de hecho.

Tu papá y tu mamá se aman el uno al otro. Ellos son muy felices con sus hogares y su familia.

EL DECIMO MANDAMIENTO

No desearás nada que pertenezca a tu prójimo.

EL décimo mandamiento nos dice que no debemos desear nada ajeno. Envidiamos cuando deseamos algo que otros poseen.

Debes estar satisfecho con lo que tienes y no desear lo que es de otro.

Jesús le dijo al joven rico: "Vende todo lo que posees y dale el dinero a los pobres."

J ESUS quiere que tú seas amable con los demás y no egoísta. Trata de compartir las cosas buenas con los demás, aunque no sean amigos tuyos. Dios será bueno contigo si tratas de hacer que los demás sean felices, dándoles lo que tú puedas.

Miguelito recibió una bicicleta como regalo de Reyes y Robertico está triste porque su amigo es feliz.

La Basílica de San Pedro en Roma,
centro de la Iglesia Católica.

Los
MANDAMIENTOS de la IGLESIA

JESUCRISTO dio poder a Su Iglesia no solamente para enseñar lo que debemos creer, sino también para ordenar lo que debemos hacer para salvar nuestras almas. La obediencia al Espíritu Santo significa observar los Mandamientos de Dios así como las leyes de la Iglesia.

Algunos de los deberes que los católicos deben cumplir son:

1. Santificar el Domingo, Día de la Resurrección del Señor; adorar a Dios tomando parte en la Misa cada Domingo y los Días de Obligacíon; evitando el trabajo no necesario.

2. Comulgar y confesar con frecuencia.

3. Estudiar las enseñanzas católicas para prepararse para el Sacramento de la Confirmación para poder confirmarnos y continuar después el estudio de nuestra Fe y poder así ayudar a otros a conocerla.

4. Observar las leyes de la Iglesia con respecto al Matrimonio; dar enseñanza religiosa (con la palabra y con el ejemplo), a nuestros hijos; usar las escuelas parroquiales y programas religiosos educacionales.

5. Fortalecer y ayudar la Iglesia, a la parroquia y a los curas parroquiales, a la Iglesia en general y al Santo Padre.

6. Hacer penitencia, incluyendo la abstinencia de carne y ayuno en ciertos días.

7. Unirse al espíritu misionero y apostólico de la Iglesia.

JESUS dijo: "Porque de tal manera amó Dios al mundo que envió a Su Hijo Unigénito, para que todo aquel que en El crea no se pierda, mas tenga vida eterna. Dios no envió al Hijo para condenar al mundo, sino para que el mundo sea salvo por El."

Dios nos ha demostrado Su amor al darnos Su Hijo. Debemos entonces amar a Dios siguiendo a Su Hijo y obedeciendo Sus Mandamientos para poder alcanzar el cielo.

El Gran Mandamiento De Amor

DIOS es amor y dentro de los planes de Dios ese amor nos llega a través de Jesucristo para unirnos con Dios y a los unos con los otros.

Un abogado preguntó a Jesús un día: "¿Maestro, cuál es el mayor de los mandamientos de la ley?" Jesús le respondió: "'Amarás al Señor tu Dios con todo tu corazón, con toda tu alma y con todo tu ser.' Este es el primero y el más grande de los mandamientos. El segundo es semejante al primero: 'Amarás a tu prójimo como a tí mismo.' En estos dos mandamientos se funda toda la ley."

Los tres primeros mandamientos de Dios nos dicen lo que debemos hacer por Dios; los otros siete lo que debemos hacer por nuestro prójimo y por nosotros mismos.

Los Mandamientos de la Iglesia Católica nos dicen los que un buen católico debe hacer. Jesús nos dio Su Iglesia para que nos enseñara a vivir de acuerdo con Sus enseñanzas. El dijo a Sus Apóstoles: "Todo aquel que os escuche, me escuchará a Mí."

Observando los Mandamientos de Dios y de nuestra Iglesia, demostramos nuestro amor a Dios y a nuestro prójimo.

Cumpliendo la Voluntad de Dios

JESUS dijo: "No todos los que claman 'Señor, Señor,' entrarán en el reino de Dios, sino sólo aquel que hace la voluntad de mi Padre que está en el cielo." Si creemos en Dios, debemos hacer lo que Dios nos pide; debemos cumplir Su ley.

Jesús dijo también: "Vivan en Mi amor. Vivirán en Mi amor si observan Mis mandamientos, como Yo he cumplido los mandamientos de Mi Padre y he vivido en Su amor." Si verdaderamente amamos a Jesús, haremos todo lo que El nos manda a través de Su Iglesia Católica, que El estableció. Esta es la forma en que Jesús demostró Su amor por Su propio Padre. El lo obedeció cumpliendo Su voluntad.

Dios nos creó para demostrarnos Su bondad y hacernos felices con El en el cielo. El desea que lo conozcamos y lo sirvamos en este mundo.

Amamos y servimos a Dios cumpliendo Sus mandamientos y los de la Iglesia, así como con nuestras oraciones y buenas acciones.

Esta es una familia feliz, porque el padre, la madre y los hijos cumplen los mandamientos de Dios y de la Iglesia.

ORACION A JESUS

ENSEÑAME, enséñame, querido Jesús
  Con tu dulce voz y amor,
Las lecciones de *obediencia*
Que día a día es mi labor.

Enséñame Tu *mansedumbre*, querido Jesús,
Que en Tu corazón siempre se encontró,
No sólo con mis acciones y palabras,
Sino en la mansedumbre de mi corazón.

Enséñame tu generoso *amor*, querido Jesús,
Para poder todos Tus dones usar
Cumpliendo siempre Tus mandamientos
Hasta que un día Te pueda encontrar.

Enséñame *obediencia*, querido Jesús,
Como lo era Tu pan de cada día,
Desde Tu pesebre en Belén
Hasta la Cruz, en que Tu sangre corría.

Enséñame Tu *Corazón*, querido Jesús,
Es de mis oraciones la mejor;
Ya que las gracias y virtudes todas
Allí tienen su belleza mayor.